Miriam Nagele

Der Frosch und die Fliege

Paramon Verlag

Der Frosch und die Fliege

Der Frosch war ein sehr eigenartiger Frosch.

Er saß nur auf einem Stein am Teich und grinste die Fliegen an, anstatt sie zu essen.

Die Fliegen trauten sich schon gar nicht mehr in seine Nähe.

Doch eigentlich müssten sie ja froh sein.

Der Frosch saß nur da und grinste.

SO IST DER FROSCH EBEN ....

Eine Fliege war aber auch ganz anders wie alle anderen Fliegen.

Sie saß den ganzen Tag auf dem Kopf des Frosches und spuckte in den Teich.

Ja, aber am Abend hatte sie keine Spucke mehr. Die arme Fliege.

JA, SO IST DIE FLIEGE EBEN ....

Mit der Zeit wurden sie beste Freunde.

Sogar in der Eiseskälte.

SO SIND SIE EBEN ...

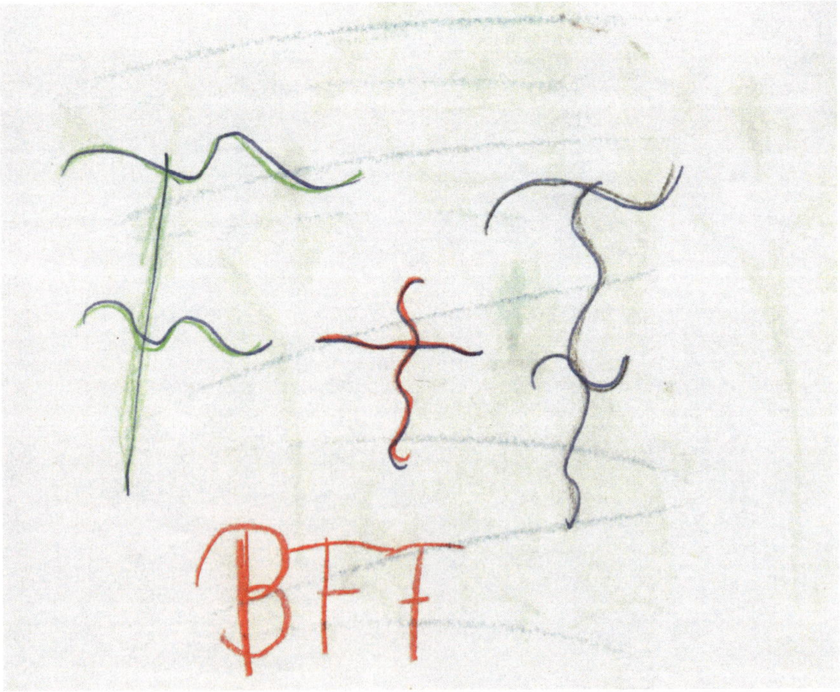

Die Deutsche Nationalbibliothek verzeichnet diese Publikation in der Deutschen Nationalbibliografie; detaillierte bibliografische Daten sind im Internet über http://dnb.d-nb.de abrufbar.

Miriam Nagele:
Der Frosch und die Fliege
ISBN 978-3-03830-129-5

Paramon® ist ein Imprint der
Europäische Verlagsgesellschaften GmbH.
Sie finden uns im Internet unter: www.paramon.at